How to Make Work Not Suck

卡琳娜・麥戈
Carina Maggar ——著

工作讓人
心情糟，
但你可以
心態超好！

西蒙・朗達——繪
Simon Landrein

郭庭瑄——譯

我的人生到底在幹嘛？

這本書不是什麼談自我成長的心靈雞湯。
如果是的話，我就不會禮拜二下午三點
穿著睡衣寫這些東西了。
要說是職涯指南嘛⋯⋯個人覺得好像也不太算。

講到指南，我腦中浮現的是那種能指引方向，帶你前往特定目的地的旅遊地圖。我絕對沒資格告訴你下一步該怎麼做比較好。如果我知道答案，早就成為某全球品牌執行長了，哪裡還會在下午三點穿著睡衣寫這些東西（再次強調）。

過去十年，我做過各式各樣的工作，從賣泡澡球、當房仲，到幫人家遛狗、寫部落格、進入影視製作公司、配音、主持網路和電視節目，無所不包。我的事業軌跡完全稱不上線性發展；至於我選擇那些工作的理由，不外乎是因為：（一）走投無路（二）一時衝動（三）出於好奇。這段「就業花蝴蝶」的經歷讓我認識了許多人，其中幾位也會在本書中登場。我從形形色色的產業、環境與角色裡汲取新知，累積見識，而與來自各行各業、處於不同職涯階段的人共事相處，使我有機會去了解、學習並觀察他們的工作哲學。

職場上有一堆潛規則，這本書算是過來人的溫馨提醒，以免你和我一樣於工作這條路上走得跌跌撞撞。只要知道，我已經代你受過苦就好。犯錯、失敗、唬爛、瞎掰、說錯話、做錯事……凡此種種我都很有經驗，所以才能寫下這些體悟。書中提到的職場地雷，我幾乎全都踩過。我可以抬頭挺胸地承認，我讓自己難堪的次數多到數不清，有時還丟臉丟到家，或是做出令人問號的決定。另一方面，我也曾有過讓自己出乎意料、印象深刻的表現。

你手上拿的這部作品是焦慮與煩憂的產物（雖然很美沒錯），揉合了我二十多歲時一團混亂、充滿不確定性的人生。書中會分享我希望自己初入職場就看透的見解，但不要誤會，無論你處於生命中哪個階段，這些工作心法都很受用。不管你是十八歲還是四十歲，我保證，這本書都對你有所幫助。如果你才十八歲，你會學到一些你不知道的事；若你年屆四十，你可能會想起自己早已忘卻的東西。

而且，說真的，誰需要另一本由中年男子寫成的職場攻略啊？

沒人知道自己在幹嘛，
你當然也不用知道

你的老闆、新手爸媽、國家首相……他們不過是假裝自己很清楚接下來的每一步罷了。事實上，大家都是邊做邊想邊學。你不一定要掌握所有答案才能把事情做好。若你深受「冒牌者症候群」（imposter syndrome）[1]所苦，或是覺得手邊工作超出自身能力範圍，要知道，午休時間躲到廁所哭的不只你一個。看誰平常演技比較好而已。

1 一種無法合理肯定自身能力與努力的心理現象，深信自己的成就為外部因素（例如運氣、時機）使然。

你一定會有一拖拉庫的後悔

幾年前,我在當節目主持人的時候,有家知名電視臺邀我參加試鏡,而且是由該公司常務董事親自評選。這個機會足以改變人生。對方請我以當時躍上新聞版面的名人故事為題,準備一段獨白;不曉得是神經整組秀逗還是出現嚴重幻覺,我決定不做功課,當天直接上場(第一個錯誤)。

我在大到沒必要的會議桌前坐下,幾個西裝筆挺、表情嚴肅的人坐在桌旁,不耐煩地瞄著手錶。終於,輪到我發光發熱了。我從椅子上站起來,一派從容地走向攝影機,站到標記好的位置,雙眼直勾勾望著鏡頭,整個人定格僵住。我的腦袋一片空白,什麼想法都擠不出來,更別說完整的句子了。我一邊連聲道歉,說對不起浪費他們的時間,一邊用月球漫步的方式(第二個錯誤)火速離開會議室。

我們常被叮囑「不要讓自己後悔」,我卻有一拖拉庫的後悔。如果你能(跟我一樣)從中學到教訓,這些經驗其實很有用。

屁話的藝術

世界上有三種人：

(講屁話的人)

(相信別人屁話的人)

(相信自己屁話的人)
↑
立志成為這款

創造力人人都有，你也不例外

你昨晚有從冰箱拿出一堆食材煮晚餐嗎？你今早有打理自己的服裝儀容嗎？你每週都有複雜的事要處理嗎？這些都是創造力，也是解決問題的能力。

創造力這種特質並非遙不可及，無須將它捧上神壇。大家好像認為那些有創意的人被充滿聖光的純銀畫筆拂抹過，是上天揀選出來的幸運兒，但創意不是什麼玄妙神奇的東西，沒有特殊祕方，也不用破譯達文西密碼才能解鎖。

如果你覺得自己很沒創意，不妨換個環境。缺乏靈感的原因來自外在，而不是內在。

想賺錢沒什麼錯

大家都知道,財富能帶來自由與安全感,化為異國假期、高檔晚餐和舒適漂亮的家。不過,如果你的目標只有賺錢,就算存款餘額有很多零,你還是會一直追著錢跑,永遠無法滿足。

你應該要把「快樂」放在第一位,畢竟百貨公司裡買不到這個東西。內心鬱卒的人,無論開的是藍寶堅尼還是飛雅特500,都快樂不起來。你沒辦法用一張五十英鎊的鈔票來治療開放性傷口,讓患部癒合。

這個世界到處都是混蛋

辦公室裡大約有8%*的人是混蛋。
他們整天嘰嘰歪歪,老愛找別人麻煩;
從講出口的話到走路的姿勢,任何與他們有關的一切
都讓你不爽到極點。要說有什麼安慰,
職場就是社會的縮影,能幫助你做好面對現實的準備,
因為生活中同樣到處都是混蛋。
人生的一大挑戰,就是不要成為那樣的人。

一般會議平均有7.5個人參加。
下次走進會議室時,
記得看看那個混蛋在不在場。

*這個統計數字純屬虛構,但根據過往經驗,
我覺得準確度滿高的。

多看多試

「發掘自己想做的事」
是一個不斷嘗試及犯錯的過程。
不要被動等待，
盼著讓你愛到無法自拔的真命天職降臨。
要是人人都堅持等到一個有耐心、長得好看、
搞笑、忠誠、廚藝精湛、舞功高強、
牙齒潔白閃亮的對象出現才結婚，
那大家都會單身到死。

童話裡都是騙人的

這個難堪的真相聽起來可能有點刺耳：很多人從小就被父母教育，相信長大後可以活出自己想要的樣子，認為只要有心，沒有做不到的事。不幸的是，人生很難，現實世界殘酷無情、變幻莫測。有時光靠埋頭苦幹是不夠的。機會不會自己上門，你必須主動去尋找。

如果你從小就相信自己注定會成功、整個世界都是你的舞臺，一旦事情發展不如預期，你當然會覺得自己很失敗。給自己一點關懷和疼惜，好好善待自己。

辦公室A到Z

A,特休(annual leave)
放假又有薪水拿,
記得請好請滿。

B,獎金(bonus)
到職一年後可能會有的福利。
如果幸運的話啦。

C,電話會議(conference calls)
通常都是浪費時間。

D,歧視(discrimination)
你可能會遇到的事。
如果有,請見字母H。

E,同工同酬(equal pay)
你的性別或種族
不該影響個人薪資待遇。

F,被開除(getting fired)
發生這種情況時就說聲
「謝謝」,然後優雅離開。

G,八卦(gossip)
自己知道就好,
不要到處傳。

H,人力資源部門(HR)
職場上的人事問題,請找
他們處理。諷刺的是,有時
令人反感的就是人資。

I,實習生(interns)
對他們好一點。

J,職場行話(work jargon)
不管你怎麼努力,
很快就會像鸚鵡一樣學同事
講些辦公室術語了。

K,了解自身權益(knowing your rights)
明白身為員工的權益。
合約一定要看仔細。

L,失去生存意志(losing the will to live)
這種念頭可能每週都會出現。

M，管理階層（management）
跟他們打好關係。如果他們喜歡你，你的人生會更輕鬆。

N，離職預告期（notice period）
大多是尷尬的一個月，有時更久。

O，機會（opportunities）
機會之前，人人平等，不因個人種族、性別或宗教信仰而有所差異。

P，試用期（probation）
通常是痛苦到爆的三個月，必須拿出自己最好的一面。

Q，季度考核（quarterly reviews）
同時也是分享意見回饋的機會。

R，裁員（redundancy）
如果發生這種事，務必好好研究研究，確保自身權益。

S，薪水（salary）
不要屈就低於個人職場價值的薪資。

T，報稅（tax returns）
煩人、費時又壓力山大。最好提前準備相關證明文件。

U，討厭的白痴（unpleasant schmucks）
辦公室裡這類人比像樣的湯匙還多。

V，漫長的一天（very long days）
一般的工作時間應該是朝9晚5，但也有例外的時候。

W，應酬（work drinks）
偶爾參加，跟別人交際一下。

X
關閉視窗前記得存檔。

Y，你值得更好的（you're better than this）
如果討厭現在的工作，就閃人吧。

Z，zzz
別忘了睡覺欸。

你擅長什麼？

古老的智慧告訴我們，要做自己喜歡的事。
對，沒有人應該放棄自己的興趣和熱情，
但若你自覺一無所成，
拋下執念、改做擅長的事
可能是比較明智的決定。

如果你的專長與熱情所在重疊，
只能說你中大獎了。

> 糟糕的老闆會創造出一種
> 由上而下的模仿文化。
> 部屬的心態會開始改變，
> 有點類似
> 「打不過就加入」這樣，
> 需要很長一段時間
> 才能擺脫爛老闆帶來的影響。
> 但從正面的角度來看，
> 這種經驗教會了我們，
> 自己當老闆時
> 千萬不要成為那樣的人。

凱瑟琳・薩克斯頓（Kathleen Saxton）是英國數一數二的廣告與媒體產業獵頭，最近更被美媒《財經內幕》（Business Insider）譽為「當代全球頂尖媒體業招募人員」之一。

你長大後想做什麼？

童年時代的一切，都指向這個極其重要的大哉問。難怪我們長大在茫茫職海中浮沉、不曉得自己要做什麼的時候，心裡會充滿焦慮和不安。永遠無法成為太空人或總統的問題在於：這讓我們覺得自己很失敗。但穿上太空衣永遠不嫌晚。事實上，不知道自己想幹嘛也許是件好事。這樣一來，就沒有什麼是不可能的了。

你有誠實面對自己嗎?

對自己誠實,想想你真正要的到底是什麼?你有採取相應的作為來實現這些目標嗎?要想有所成就,必須投入全身、全心、全靈。唯有如此,你才能在遇到困難時(這種情況八成會發生)下定決心,堅持到底。

光說「我想創業」或「我想寫書」是不夠的——嘴上講講當然很簡單。沒有付諸行動,想法就永遠只是想法。

對,好事會降臨在那些耐心等待的人身上,但拚死拚活努力讓好事發生的人,更有可能遇見美好。

最重要的投資
就是自己

軟體、小工具、書籍、線上課程⋯⋯
花錢拓展知識領域與培養技能，
絕對不是浪費。

別為還沒完成的事
在心裡痛扁自己一頓

花時間想著沒走哪一行、沒去哪個國家、沒投那份履歷有多遺憾、多懊惱,只是在浪費生命而已。別再糾結了,開始行動吧。

硬要5點起床很不切實際

對大多數人而言,早上5點起來做皮拉提斯,
接著對自己精神喊話、去角質、打木瓜果昔來喝
是不可能的事。幾點起床不重要,
重要的是醒來後怎麼讓身體和大腦開機。

別當免費勞工

實習是拓展人際關係和累積寶貴經驗的好方法。但請注意，不要無償工作。身為職場菜鳥的你，可能會遇到有人凹你免費幫忙做這個、做那個，因為這樣「能替你的履歷加分」，或是「讓你的作品集更豐富」。

當然，決定權在你手上，但沒有工作經驗，不代表你的時間不值錢。

所謂職涯

「職涯」二字就像川普、芭蕾舞鞋和烏魚一樣,已經過時了。這個詞隱約透出某種暗示,彷彿你的職業生涯只能循著當前腳下這條路走,不能接受其他機會。你可能會被禁錮在這樣的思維裡,覺得自己一旦做了決定,就不能轉換跑道。

正如人會隨著時間而改變,我們追求的目標和抱負(還有髮型)也可以跟之前不一樣。如今,我們對「擁有一份事業」的看法與二十年前大不相同,把它想成「在不同的梯子間跳來跳去」,會比「沿著同一座梯子往上爬」更貼切。

> 你必須改造自己。
> 這是生活的一部分。
> 多方涉獵、體驗不同的事物,
> 能讓你寫下精彩的人生篇章。
> 關於個人職涯發展,
> 我喜歡不時來個「管他的」
> 然後轉行,
> 一路走來真的
> 很有趣。

亞當・戴伊–勒溫(Adam Day-Lewin)是英國媒體行銷公司Twin London的創意顧問,曾在《君子》(*Esquire*)、《Elle》與《男士健康》(*Men's Health*)雜誌所屬的赫斯特媒體集團(Hearst Digital Media)擔任全球創意總監,並當過鼓手、場景設計師和夜店公關。

意外總是會發生

盡量不要在剛起步、一切看似美好之際,對潛在機會放太多感情,例如工作上的發展前景、可能的交易或人際關係等等,因為後續往往會發生一些意想不到的事,讓情況迅速走下坡。突然間,你失望的程度與最初樂觀的程度不相上下。為挫折保留一點空間是好事,這樣當事情真的如你所願,你會更加感激。

不要再拿自己跟別人比了

這不是奧運,也不是比賽。你的跑道上只有你自己。拿自身職涯規畫跟別人比真的很沒邏輯,就好像拿螃蟹跟白鯨比一樣——牠們都是海洋生物,就這樣而已。

關於成功,我自創了一個比喻:有的人走路上班,有的騎腳踏車,有的甚至搭直升機去公司。儘管路線迥異,最終都會抵達各自的目的地。你看,大家都以不同的速度運轉,在不同的旅程中前進。

10%法則

每個成功的品牌都會不斷升級、改善自己的服務和形象,這也是他們得以與時俱進、維持競爭力的關鍵。無論是每月發送的電子報,還是躺在收件匣裡的折扣碼,都是企業用來努力抓住消費者的心,讓自己不被遺忘的策略。

你必須撥點時間思考該如何提升品牌價值,替自己創造機會。每週花10%的時間,好好打理「你」這個品牌,例如寫篇文章、更新個人網站或聯絡前老闆等等,任何能讓人察覺你的存在、知道你值得被看見的事都行。

> 不要害怕失敗，
> 因為失敗往往能催生出
> 很棒的新點子。
> 不斷嘗試，不斷學習，
> 不斷進步。盡量不要
> 一次處理太多事。
> 專心把五件事做好、
> 做得漂亮，比隨便完成
> 十件事好多了。

克莉絲‧魯克（Chrissie Rucker）是英國時尚服飾家居品牌The White Company創辦人，擁有大英帝國官佐勳章（Officer of the Order of the British Empire，簡稱OBE）榮銜。1994年，她用6,000英鎊的積蓄打造出這個品牌；2020年，公司的年利潤超過1,400萬英鎊。克莉絲說自己「有閱讀障礙、極度害羞又不愛念書」，十六歲就離開學校的她，在雜誌出版業工作了一段時間，於二十四歲那年創立了The White Company。

永遠別說
「跳脫框架思考」

什麼框架？你為什麼要在框架裡思考？
沒有藉口，沒有例外；
如果你講出這樣的話，
拜託把自己鎖在框架裡，永遠不要出來。

每個人都是
~~改寫遊戲規則、創新、顛覆傳統與擁有渲染力的先鋒。~~
在裝模作樣

充滿力量的語彙被人從字典裡抽出來重新再造，成為網站、電臺廣告及大型看板上超潮行銷文案（進而被大家過度使用和濫用）的那一刻，就失去了字詞本身的意義。它們蘊含的每一絲莊重與宏偉都被剝奪殆盡，就這樣，所謂的「渲染」（不管那到底是什麼意思）再也不是真的渲染。

注意你的措辭。說話時仔細斟酌，避免賣弄老套的術語或隨便丟個老梗。記住，別讓你想表達的意思變得毫無意義可言。

手撞磚牆也不放吗

繼續堅持錯。

愈不甘願失敗，不惜鑽向死角力。
繼自摸壁，就是撞你覺到機關。
不願地承認自己錯。

年輕與天真這兩個特質
比你想的更有力量。
隨著年齡增長，很多人
會開始變得傲慢擺老，自以為
無所不知，什麼場面沒見過。
他們很難想像一個
自己不了解的世界。
天真則提供了另一種視角，
這點非常必要。
經常練習、保有初學者心態
是很重要的。成為班上的笨蛋
能讓你更有自知之明，
搞清楚自己有幾兩重。

山姆‧康尼夫（Sam Conniff）是暢銷書《海盜精神》（*Be More Pirate*，暫譯）的作者，也是英國整合行銷公司Livity共同創辦人，被《富比士》雜誌（Forbes）譽為「世界上腦筋最靈活的人之一」。2020年，山姆因其對年輕人的貢獻獲英國女王邀請，領受大英帝國員佐勳章（Member of the Order of the British Empire，簡稱MBE），但他拒絕了。

收件者：neverstopdreaming2008@hotmail.com
主旨：換個新的電子郵件地址

如果你還在用十二歲時申請的第一個電子信箱投履歷／收發一般郵件，拜託立刻砍掉重練。用自己的名字當帳號就好。電子郵件地址不是讓你揮灑創意的地方。

你就是你自己的
個人廣告看板

只消不到兩秒,別人就能形成對你的印象,你連開口都不用。你對外表的自信直接反映出你有多重視自己、能提供什麼價值。應該不用我提醒你記得梳頭髮(和刷牙)、剪指甲、擦體香劑,好好整理儀容,讓自己看起來人模人樣吧?只要出門前多花幾分鐘就行了。

一件沾滿醬油漬又破洞的T恤,是沒辦法讓別人認真看待你的。

> 進辦公室時，
> 如果有人問你過得怎麼樣，
> 就說「好到爆，謝謝！」
> 如果有人問你可不可以做某事，
> 先回答「當然可以！」
> 然後再去想要怎麼搞定。
> 每次做事
> 我都覺得自己唬爛嘴在騙，
> 但過了一段時間，
> 你會開始發現
> 自己還真的做得到。

亞當・戴伊-勒溫是英國媒體行銷公司Twin London的創意顧問，合作客戶包含勞力士（Rolex）、賓士（Mercedes-Benz）和優衣庫（Uniqlo）。他大方坦承自己在履歷上說謊。

不要因爲絕望
就隨便找份工作

有太多人履歷上寫著他們根本不該接受的工作。我曾在最絕望、最困惑的時候，跑去應徵聖誕節臨時銷售人員。我對自己發誓（也跟所有人講得很清楚），我只做兩個月，一月我就會離開。不知不覺間，兩年一晃就過去了，而我還在那家店賣泡澡球。

妥善利用時間

光陰一去不復返。
把時間當成一種貨幣,
好好用、好好花。

學歷不算什麼

亮眼的考試成績、令人印象深刻的學歷、曾當過學生代表,都不能決定未來的你有多成功(或多不成功):

- 蕾哈娜(Rihanna):白手起家、身價上億的流行樂壇巨星,十六歲輟學。

- 理查・布蘭森爵士(Richard Branson):英國維珍集團(Virgin Group)創辦人,十六歲輟學。

- 珍妮佛・勞倫斯(Jennifer Lawrence):全球收入最高的女演員之一,十四歲那年選擇輟學。

- 約翰・麥基(John Mackey):美國有機生鮮超市「全食超市」(Whole Foods)創辦人,大學時曾六度輟學。

- 傑斯(Jay-Z):嘻哈天王、饒舌界的億萬富翁,他高中就輟學了。

- 崔維斯・卡蘭尼克(Travis Kalanick):Uber創辦人,他大學肄業。

- 凱蒂・佩芮(Katy Perry):十五歲那年決定離開校園追夢,投身音樂事業。

- 雷夫・羅倫(Ralph Lauren):傳奇時尚設計師,從未完成大學學業。

- 蘋果公司共同創辦人史蒂夫・賈伯斯(Steve Jobs)與史蒂夫・沃茲尼克(Steve Wozniak)、臉書創辦人馬克・祖克柏(Mark Zuckerberg)、微軟創辦人比爾・蓋茲(Bill Gates)和推特(現為X)創辦人傑克・杜錫(Jack Dorsey):都是輟學生。

看到了嗎?學歷真的不代表什麼。

不確定該用什麼字體?
選Helvetica就對了。

求職履歷守則

- 內容不要超過一頁。
- 附上電話、電子信箱等聯絡方式,不要放社群帳號。
- 個人簡介的部分,建議條列式講重點。
- 務必檢查有無錯字。

求職履歷禁忌

- 如果你寫了「您好,很高興認識您」,拜託刪掉。
- 用了超過兩種顏色,看起來就會像美術作業。
- 工作經歷方面,不要描述職務內容,要分享你達成了什麼成就。

僅供參考

- 履歷要不要寫地址看你,但個人覺得這樣等於公開邀請跟蹤狂就是了。
- 大家都「在壓力下表現出色」,「於步調飛快的環境中茁壯成長」。
- 如果你「滿懷熱忱」又「努力認真」,那很好,但請換個方式來表達。
- 沒人有時間讀你畢業後那年空檔跑去澳洲幹嘛,或是你十年前代表所在縣市參加游泳比賽之類的。簡明扼要才是王道,把版面留給傑出的成就就好。

(最好)把個人社群帳號設爲不公開

對方收到你的履歷後可能連求職信都還沒看完,就已經在網路上搜尋資料,研究你的社群帳號了。不出幾分鐘,他們就會放大你五年前在赫瓦爾島參加全包式單身派對的照片,好好看個仔細。要我說的話,公開個人檔案很危險啊。

高意圖
低期望

關於成功

「如果你想學會某件事,就用最不傳統、顛覆常規的方式著手,投入全心全力,讓它深深扎根在你的靈魂裡。設定短期目標。最好的策略是『高意圖,低期望』。盡量保持彈性:你唯一要關心的是你能掌控的事——你的想法和行動。」

關於命運

「『相信自己、跟著心走、無視酸民、追隨願景,你的選擇,決定了你的命運』,許多成功的商業大師都講過類似的經典語錄,不過這些觀點也很容易造成無可挽回的失敗,因為它們完全忽略了機遇、運氣與人生經歷所扮演的角色。」

關於運氣

「培養自己的才能,發掘內在的潛力,剩下的就靠運氣了。機會,是留給準備好的人。」

關於金錢

「記住,金錢的確能提升幸福感,直到你不用再為錢煩惱為止。但一旦超過這個門檻,賺再多錢也不會讓你更快樂。」

給年輕的我的建議

> 事情接二連三,
> 但一切都會過去。
> 不要拚命想討好、
> 打動別人。

達倫・布朗(Derren Brown)二十年前靠著《心靈控制》(*Mind Control*)系列節目,在電視圈闖出一片天。他不但是超強的意識控制大師,還寫了四本書,其中《活出真正的快樂》(*Happy*,暫譯)更是暢銷全球。閒暇時,他喜歡畫肖像畫、烤胡桃南瓜千層麵。

裝懂是搞砸之母

提問,釐清狀況,然後再問一次。不要明明不懂還點頭裝懂,最後一定會被識破,讓你看起來像個白痴,到時後悔都來不及。相信我,我是過來人。

沒有人是大象

養成做筆記的習慣。隨時記下重要的事物或閃現的靈感。無論是洗澡時的想法、煮飯時的想法、游泳時的想法，還是做瑜伽時的想法都適用。你是人，不是記憶力超群的大象。你會忘記。天底下最令人煩躁的，莫過於服務生為了炫耀自己記性有多好，故意不寫下你點了什麼，結果就是常常弄錯，而且幾乎每次都會忘記你有加點薯條。別當那種自大的服務生。

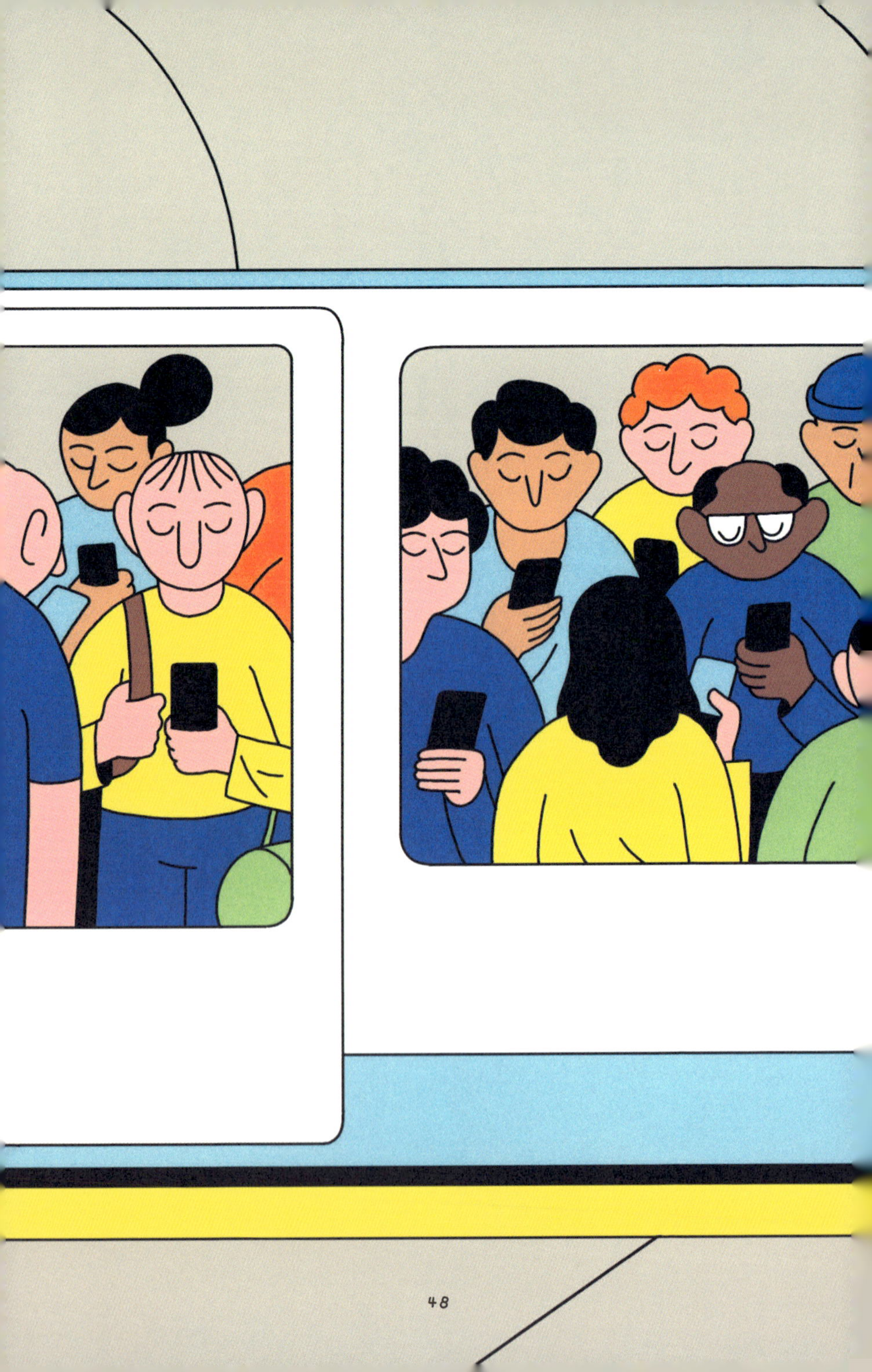

別老是低頭滑手機

下次搭公車或捷運時,把手機收起來。
默默觀察坐在對面的人,
猜想他們的身分、有什麼故事,或是有哪些興趣。

欣賞窗外的風景,讓思緒自在遊蕩。
把YouTube放進口袋,好好體察現實世界吧。

表達意見很重要

表達意見：

表示你充滿熱情

展現出批判性思考能力

能激起健康的辯論

能引出新的討論

能鼓勵別人分享自己的看法

不表達意見：

很無趣

主動發現機會

一場偶遇，
可能會帶來新的際遇。

幾年前我在一家餐廳吃飯，隔壁桌講到拍電影的事，笑得超大聲。我起身走過去，跟那個我以為是導演的人攀談，說我無意間聽到他們的對話。他邀請我一起共桌，我們提到電影產業裡的機會等等，小聊了一陣。結果，他邀我隔天去片場看看。第二天早上，我跟當時的公司請病假，不要臉地在片場晃了超久；最後，我進入那家影視製作公司，待了一年多。

另一次是去看牙醫的時候。坐在我旁邊候診的小姐感覺是個有趣的人，我問她在哪裡高就，她便遞給我一張名片，約我喝咖啡，而她正巧是莎拉‧杜卡斯（Sarah Doukas）。

「管他去死」的態度

世上沒有所謂的備案

「我不相信備案這種東西。年輕時,我天不怕地不怕,對自己充滿信心。現在如果要開公司,我會有很多考量,但年輕時你只想往前衝、放手去做。你應該趁還有本錢的時候擁抱這種『管他去死』的態度,因為一旦上了年紀,你會有太多人要顧慮,繼而畏首畏尾。」

堅守自己的使命

「你不能遇到第一個困難就放棄。我決定自己出來開公司的時候,很多人勸我不要這麼做。雖然我有一堆東西能失去,但我並沒有因而退縮。遇到這種情況,不少人可能會感到氣餒,開始對自己失去信心。然而,我做這件事純粹是為了自己——不是為了出名,也不是為了賺錢——而是想做一件能讓我感到驕傲的事。我有我的使命要完成。」

謹慎理財

「如果你不是某領域的專業,就去找別人幫忙,請教真正的專家,尋求正確的建議,不要盲目行事,與財務有關、你又不懂的範疇尤為如此。交給優秀的律師和會計師處理。做好

規畫、小心謹慎,特別是在支出方面。我沒有買大辦公室,也不追求奢華,更不會毫無節制地亂花錢。」

以身作則

我很認真挑選工作團隊成員。
有些人已經跟我跟了二十五年,
我都說他們是「終身夥伴」。
擁有一群了解企業願景的員工
是很重要的,他們能為公司
打下穩固的基礎。聰明是一回事,
重點是要懂得做人的基本道理。
公平待人能帶來踏實的安全感,
而你必須以身作則。
善待每一個來自各行各業、
背景不同的人,這點非常重要。
世界很小,我也相信善有善報。

莎拉‧杜卡斯是英國經紀公司Storm Management創辦人兼執行長,也是價值2.4兆美元的時尚產業中最有影響力的人物之一。該公司成立於1987年,以發掘並代理過許多極具代表性的臉孔而聞名,例如超模凱特‧摩絲(Kate Moss)、安雅‧泰勒–喬伊(Anya Taylor-Joy)、卡拉‧迪樂芬妮(Cara Delevingne)等。

才華不是成功的必要條件
（但有一定的幫助）

我相信許多成功人士在大眾眼中，是「沒有才華」的一群。也許他們看起來沒什麼特殊技能，但我敢保證，他們絕對充滿韌性、幹勁和動力，而且做事專心致志，百分之百投入。他們努力培養的不是才華，而是強烈的職業道德。

新聞快報：最終登上巔峰的，未必是最有才華的人。

有時也要站在巨人的肩膀

要想出一個前所未有的點子幾乎是不可能的任務,所以別給自己太大壓力。你可以從改造╱升級既有的事物開始。這不是剽竊,而是借用他人的創意。

不用成為
全場最聰明的人

妳沒讀過商學院或設計學院，是怎麼一手打造出這番事業的？

「我認為沒受過傳統商管或設計教育，反而給我很大的幫助。我的創業過程完全稱不上典型。那個年代，新的時尚品牌通常會從一個商品類別著手，然後找零售業者談合作，透過通路銷售自家服飾，而我卻一口氣推出多種品項，自己在蘇活區開店、架設品牌官網。很多人都說我瘋了，但事實證明這個模式很成功。我們在市場上找到了一處空白——我設計的是自己衣櫃裡缺少的、也是其他女性想要的單品：美麗、經典、雋永，價格低於傳統精品，走輕奢路線。」

關於職涯，妳有什麼好建議嗎？

「我有兩個建議：『擁抱內在的野心』以及『負能量等同於噪音』。第一點是要了解自己的目標，把眼光放遠；第二點是要知道誰的話可以聽，誰的話當耳邊風就好。你尊敬的人所給出的建設性批評極為重要，至於那些負面消極的聲音，都是無益的干擾。」

年輕人需具備哪些條件才能成功？

「堅韌是成功不可或缺的要素——對我而言,就是懷抱希望、保持樂觀,即使當前的境遇不甚順利,仍然相信或許很快就會有好事發生。另外,擁有明確的價值觀也很重要;當你清楚自己的信念和原則,遇到困難時就比較容易堅持下去。還有,只要一點點勇氣,就能讓你走得更遠。大家都討厭電話行銷,沒人喜歡跟陌生人打交道,但建立關係真的很有幫助,能讓一切大不相同。」

> **維持全球品牌成功的關鍵是什麼？**
>
> ## 相信自己的直覺,誠實做好每一件事。

美國時尚設計師托莉・柏奇(Tory Burch)2020年被《富比士》雜誌評為「全球百大權威女性」;同年,《新聞週刊》(Newsweek)將她的品牌評為「疫情期間表現傑出的全美50大企業」。現今托莉・柏奇同名品牌價值約15億美元。

跟上時事潮流

稍微了解一下世界大小事,
以免讓自己顯得腦袋空空又無知。

在公共休息區、咖啡機旁或會議室裡
和同事聊天、一起討論時事
是很重要的社交活動。
你不用對政界或製藥產業的情況瞭若指掌,
但最好還是偶爾翻翻報紙、瀏覽新聞網站*,
看一下這個世界發生了什麼事。
不論那些新聞有多令人沮喪,
迴避都是很蠢的選擇。

*不要給我看《太陽報》(The Sun)、
《每日郵報》(Daily Mail)、《時人》雜誌(People)
或《美國週刊》(US Weekly)
這種八卦娛樂報欸。這些不算。

別當創意小偷

偷別人的點子,總有一天會被反噬。

這叫創意因果報應,賤貨。

壞老闆多到不行

就因為他們是你的老闆,不代表他們是好的領導者或值得學習的榜樣。垃圾老闆會造成不健康的工作環境,讓員工的「不快樂指數」飆升。辦公室文化或氣氛有問題,往往是高層的鍋。有些人會被權力沖昏頭,變成脾氣暴躁的混帳。

WFH：
在家工作（Working From Home），還是在地獄工作（Working From Hell）？

以我個人來說，在家工作的一天通常是這樣：於同一個地方坐上好幾個小時，瘋狂攝取咖啡因，而且很少、甚至完全沒呼吸到新鮮空氣，有時睡衣還會穿整天，直到晚上6點才換掉。有些教人在居家辦公期間維持健康作息的文章，會提出以下建議：

- 每天固定時間起床。
- 洗個澡。先沖冷水，再用熱水，最後以冷水收尾。
- 吃頓營養滿分的早餐，最好包含奇亞籽、枸杞和蛋白質。
- 把平常通勤的時間拿來做點有生產力的事。
- 打造一個溫馨舒適的工作空間，例如在桌上擺盆小植栽等等。
- 三不五時活動一下，舒展筋骨。
- 家裡常備堅果和鮮蔬沙拉。
- 午後出門散散步。

在家上班雖然聽起來很棒，但也可能造成個人心理和生理上的負擔。不過，只要睡好睡飽、適時休息，生活維持一定的規律，基本上就安啦沒問題。方法無所謂對錯，能完成工作就好。

滾啦地鼠

你知道這個遊戲嗎?就是地鼠從洞裡冒出來的時候,要用槌子猛打它的頭。下次腦中閃過任何負面消極、自我貶低、充滿破壞性的想法時,就把它們想像成遊戲裡的小地鼠,一次一個,將那些念頭轟出腦海。

把目標放在培養第二專長，
而非於單一領域追求卓越。
不要只仰賴既有的專業知識和能力，
最好再掌握一到兩項互補的技能——
那是你的腹地*。

如果你試著成為世界上最好的X，
只能說你成功的機率微乎其微，
因為還有無數人跟你一樣
努力想達到那個境界。
不過，如果你試著成為世界上最好的X，
同時還能做Y，那麼：
（一）你就更容易脫穎而出、更容易被看見，
（二）機會也會隨之而來。
單從數學機率的角度來看，
你更有可能成為世界上最好的X和Y。

＊腹地：名詞，指可見或已知範圍外的區域，這裡用以比喻發展空間。

羅里・薩特蘭（Rory Sutherland）是英國奧美（Ogilvy UK）副總監，被公認為全球最具影響力的廣告人之一。

總會有批評的聲音

人總能找到不喜歡、不滿意的地方。所以,你不如坦然接納全部的自己,包含缺點在內。做自己,親愛的,討厭你的人不管怎樣都會討厭你。

人們會因為你的年齡而批評你。
人們會因為你的性別而批評你。
人們會因為你的種族而批評你。
人們會因為你的性傾向而批評你。
人們會因為你的宗教信仰而批評你。
人們會因為你的信念而批評你。
人們會因為你的體重而批評你。
人們會因為你的身高而批評你。
人們會因為你的智力而批評你。
人們會因為你的口音而批評你。
人們會因為你的學歷而批評你。
人們會因為你的郵遞區號而批評你。
人們會因為你有錢而批評你。
人們會因為你沒錢而批評你。
人們會因為你的音樂品味而批評你。
人們會因為你的嗜好而批評你。
人們會因為你的刺青而批評你。
人們會因為你的髮色而批評你。
人們會因為你的髮型而批評你。
人們會因為你有自信而批評你。
人們會因為你沒自信而批評你。
人們會因為你人太好而批評你。
人們會因為你的鞋子而批評你。
人們會因為你有社交生活而批評你。
人們會因為你沒有社交生活而批評你。
人們會因為你喜歡鄉村音樂而批評你。
人們會因為你指甲的長度而批評你。
人們會因為你帶便當而批評你。
人們會因為你是狗派而批評你。

留意生活中的小事

耍廢假就請下去

有時，光想到上班就讓人厭世到不行。如果出現這種症頭，建議你請病假休息一天，躺在床上耍廢。每隔一段時間，我們就需要來個「嚴重食物中毒」或「慢性偏頭痛」發作。你懂的。

朋友們，這是健康又帶著善意的謊言，是另一種好好照顧自己的方式。還有，不必有罪惡感；其實大家都會這麼做。

順勢而為

不要太執著於「找到自己的目標」。
對人生方向感到茫然是很正常的事。
有些人追求的東西一直在變,
有些則要走過好長一段路才能尋獲解答。
我們都想盡快找到人生目標,
但實際上,大多數人只能穿上防寒衣,
踏著充滿不確定性的浪潮前進。

工作不是人生的全部

你需要設立一些界線,
不然你的工作會逐漸滲入、
攪和你的個人生活。
試試以下方法:

- 在家時,將工作設備放到其他房間。沒重要的事不要打開。
- 如果工作設備可以關機,那就關吧。
- 不一定要接受同事在臉書、IG或LinkedIn上傳來的交友邀請。
- 倘若是遠距上班,分配會議時段能讓你有效掌控當日行程。如果沒這麼做,其他人可能會以為你隨傳隨到,老是臨時、隨時叫你去開會。
- 三不五時活動一下,舒展筋骨。
- 沒心情的話不用勉強自己去應酬。

把你的私人號碼給同事要小心

沒多久
你就會
傳簡訊談公事
談到
深夜
還有
在週六回覆
電子郵件了

讓大腦休息

遠離刺眼的電腦螢幕。

敷臉。扳折指關節。

玩填字遊戲。遛狗。泡澡。

調杯飲料來喝

（加不加琴酒都行）。

	1	2	3	4	5		6	7
	8		先	休	息	9		
10|					11| 不	要	滑
12		T	I	K	13		14		
15				16		17	T	O	K
18			19		20			
21				22				
23				24				

進行
批判性思考

問哪裡

出了錯

而不是
哪裡

做對了

你是無聊的火腿三明治嗎?

乾巴巴、沒味道,吃起來平淡到爆。明明可以成為熱情、有趣又充滿風味的墨西哥法士達,何苦當個無聊的火腿三明治呢?

如果你每天都過著一成不變的生活,做出一樣的計畫和決定,令人興奮或意外的事物就無法走進你的日常。一切都在預料之中,很快就會變得無聊。多說「好」,擁抱新的體驗和機會。

「內容」這個詞真的很爛。
講白了它就是「東西」的意思，
短短兩個字
可以用來指稱各式各樣的事物。
每當有人提到
「我們要創作數位內容」時，
其實他們真正想表達的是：
他們打算拍支影片上傳到YouTube。
沒有人會說「我要回家看內容」
或「我今天讀到一些很棒的內容」。
所謂的內容創作者到底在幹嘛？
他們在製作東西。
他們應該自稱「東西創作者」才對。

薇琪・羅斯（Vikki Ross）是個屢獲殊榮的文案師，曾與天空廣播集團（Sky）、推特（現為X）和Spotify等全球知名品牌合作。

別當個
負能量炸裂的人

正能量在「提高生產力」這方面，
效果出奇地好。心態決定一切。
告訴自己「我可以」。

記得你有兩隻耳朵

開會時如果沒什麼重要或有建設性的意見,那就別開口。不管你有多喜歡自己的聲音,閉嘴才是上策。

你有權保持沉默。練習多聽少說。

做辦公室的飲料擔當

幫同事買飲料或泡茶、煮咖啡是好事，
不是軟弱的表現。
但請確保你在辦公室的角色
不只是飲料股長而已。

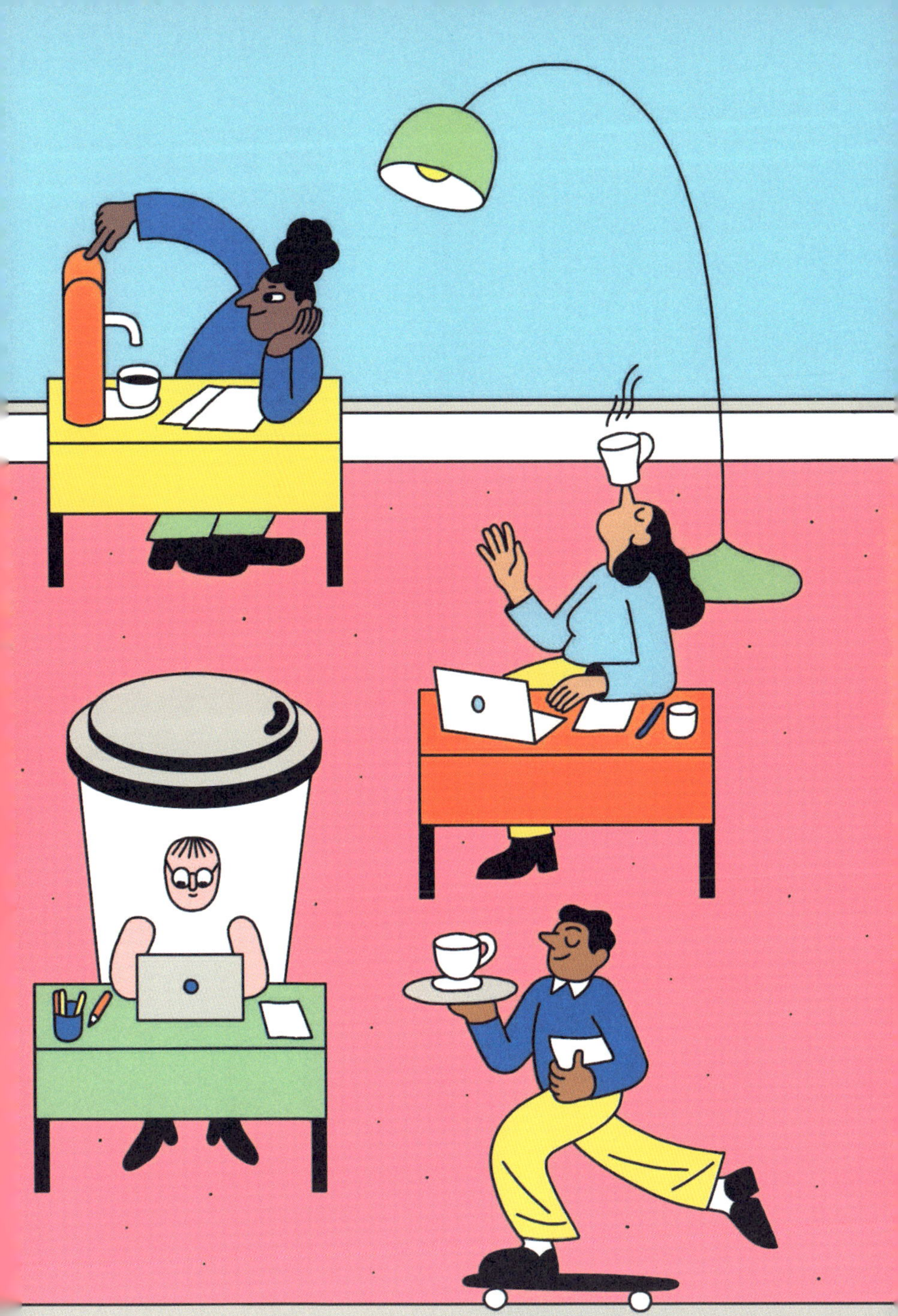

就　說

謝謝

有人稱讚你的時候——
無論是因為你的香水、鞋子還是技能，
微笑說聲「謝謝」就好。
你同不同意對方的看法不重要。

不要害怕接電話

辦公室鴉雀無聲。就在這個時候，電話響了。大家手指僵住懸在鍵盤上，紛紛轉過來看你，灼熱的目光穿透了你的靈魂。怎麼辦？要接嗎？你的手開始冒汗、變得濕黏，喉嚨乾得要命。其他同事依舊張大嘴巴，目不轉睛地望著你。我叫什麼名字？要怎麼跟對方打招呼？

接電話的方式很重要：你應該開口說點什麼；很多人都是接起來後沉默以對，情況普遍到令人訝異。這個行為有夠莫名其妙，千萬別這麼做。

清清喉嚨。一聲微弱無力的「喂，你好」不是展開對話的好方法。記住，要帶著自信，咬字清楚，拜託了。還有，微笑。對方能從你的聲音裡聽出笑容。

找個導師

對方可以是你以前的上司、從事你感興趣的領域,抑或職涯發展令你敬慕的人。他們多半曾走過你走的路,能引領你跨越那些崎嶇難行的地帶。一個好的導師能幫助你探索職業選擇、設定目標、激勵你往前邁進,並擴大你的人脈圈。

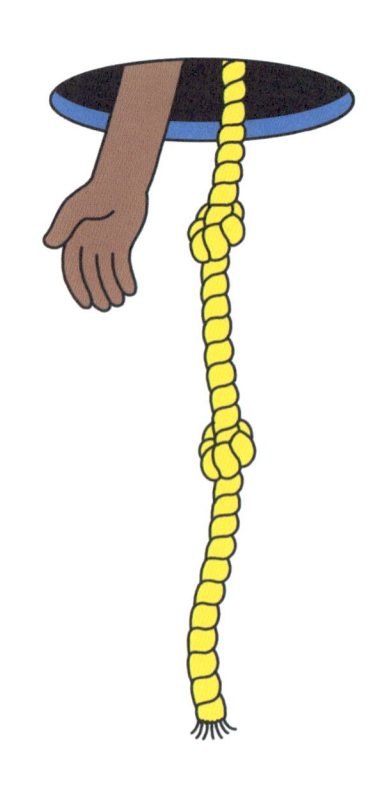

> 規則裡有90%
> 是約定俗成的常規、習慣,
> 以及犯錯時用來隨便補救、
> 敷衍了事的做法。
> 打破這些規則是你的責任。
> 選一條,打破它,
> 再用更好的規則來取代。
> 剛進新公司的時候,
> 你可能會以為自己的主要任務
> 是融入團隊──其實不然。
> 不要試著當辦公室裡的變色龍。
> 你不應該墨守成規、
> 跟隨前人的腳步,
> 反其道而行才是真理。

山姆・康尼夫是紀錄片《翻轉未知的行家》(*Uncertainty Experts*,暫譯)的編劇兼導演。該片是史上第一部互動式紀錄片,經科學證實,可強化觀者的心理韌性及舒緩焦慮。喔對了,他正好也是我的前老闆。

善用身邊的人

好好運用公司資源。
需要有人幫忙設計商標,
或是想聽聽別人對特定主題的洞見?
不必捨近求遠,先問問身旁的同事吧。
通常你會發現高手就在辦公室裡。

別讓好人
走出你的生活

跟以前的同事和主管保持聯絡。關心他們的近況。偶爾約出來一起喝咖啡聊聊天,借助對方的專業,有點像職涯諮詢那樣。雖然他們是過去的職場夥伴,不代表未來幫不上忙。

避免成為混帳

那些言行舉止混帳到家的人老是擺出一副惡劣嘴臉，殊不知這樣的態度對自己完全沒好處。他們忙著過混帳般的生活，絲毫沒有察覺背後豎起的無數根中指。

避免成為混帳的方法很簡單：懷著一顆友善的心，親切地對待每一個人，不管對方是清潔工、櫃檯行政還是老闆都一樣。如果你是個爛人，別人一眼就看得出來。他們會開始躲你；你會長出深深的皺紋，一股酸臭味在嘴裡縈繞不去。最慘的是，你會淒涼地孤獨終老，沒有人去參加你的葬禮。

發現職場上的類網紅

每個辦公室都有個像網紅一樣充滿影響力的人，
大家都喜歡他們、信任他們，尊重他們的意見。
通常這些人都不是握有權力的管理職。
花點心思去認識、了解他們吧。

別人沒有你想的那麼在乎你

> **保證品牌成功的關鍵是什麼？**
>
> 你永遠無法保證自己一定會成功。但事實是，如果你停滯不前，就只有落後的份。你必須求新求變、大膽無畏、敢於冒險，這樣才能與時俱進，維持你的競爭力。

妳從有想法到推出第一款產品，花了多久時間？

「我在2009年想到『PROPERCORN』這個點子。原本希望幾個月就能成功，結果卻花了好幾年。那個時候，我在我媽廚房裡拿著汽車噴塗工具噴油，用水泥攪拌機做出第一批爆米花；直到2011年，我才跟萊恩・康恩（Ryan Kohn）合夥，共同創立這個品牌，將第一款產品推向市場。」

創業過程中最大的挑戰是什麼？

「進入一個由男性主導的產業。截至目前為止，第一年依舊是最難熬的一年。到後來我就像洩了氣的皮球一樣，覺得自己被看輕，孤單感揮之不去。這段經歷讓我意識到，自己必須培養內在的韌性與挫折復原力，現在我變得更堅強了。」

妳學到了什麼？

「一開始那幾年，我很沒安全感，不斷懷疑自己作為女性企業家的身分，最後是我媽把我打醒。她說，『妳以為妳是誰啊？沒有人會回家仔細分析妳做的每一件事。大家都有自己的問題要處理，根本不會想到妳。』她說的沒錯。別人沒有你想的那麼在乎你。」

妳有想過要放棄嗎？

「創業初期，一位業界大老勸我回去做原本的工作。我記得他告訴我，『小公司打不過大企業』。這句話固然令人沮喪，卻也激起我前所未有的鬥志，下定決心要成功。要做好被否定的準備。只要滿懷熱忱，專注於自己的目標，就能說服那些不看好你的人。」

卡珊卓‧史塔佛魯（Cassandra Stavrou）是英國最大獨立零食品牌PROPER Snacks共同創辦人，每月銷售逾500萬包零食。2020年，她獲頒大英帝國員佐勳章，表彰她對食品產業的貢獻。

不要再說這幾句話了

「基本上」、「簡直」和「你懂我意思嗎」
對你完全沒幫助。

你100%絕對會開始說的話
（不管你喜不喜歡）

就算用辦公室術語違背了你的個人原則，
你還是很快就會淪陷。

突然間，你開始請同事在「死線」前把東西給你；
講話常用「未來」開頭；不時想「確認一下」；
要珍娜把資料「email過來」；
想知道這件事的「ETA」
（Estimated Time of Arrival，預計完成時間）。

盡量反抗沒關係，這場仗你贏不了的。

客戶不知道自己要什麼

習慣就好。他們的想法可能很沒邏輯、自相矛盾又反覆無常。你可能會發現自己就像沒有目的地的飛機一樣，不停繞圈鬼打牆。別問他們想要什麼了，改問他們不想要什麼吧。

保持冷靜，暫時將自我擱在一旁。記住，你的帳單是他們付的。

桃莉・巴頓騙人[2]

做好心理準備,上班時間可能會超過「朝9晚5」這個時段。加班是工作的一部分。有時,你不得不在辦公桌前吃午餐,或是被迫取消晚上的飯局,趕最後一班捷運回家;甚至有些時候,你會覺得自己對辦公室比對家裡還要熟悉。

你得不時願意破例,在正常工作時間外處理公務。期限、臨時會議、國際電話、試算表——這些事不會因為過了傍晚5點就變得不重要。

2　美國歌手桃莉・巴頓（Dolly Parton）有首歌名為〈朝9晚5〉（9 to 5），唱出底層社畜的日常與辛酸。

開口求救

千萬不要害怕向他人求助。
萬一對方拒絕,就把他們列入黑名單,
當這個人不存在。

> 我們的工作是為客戶做對的事、滿足他們的需求，而不是滿足自己發揮創意的欲望。拋開不切實際的幻想，用最有效的方式表達你的看法。如果要爭，請像在法庭上辯論一樣——口氣平靜、態度審慎，切勿感情用事。

薇琪・羅斯是一名文案師*，被職場專業與人才媒合平臺「The Dots」譽為「重新定義創意產業的百大先驅」之一。

*文案師：撰寫廣告文案的人。「文案」指的是文字本身。例如「做就對了」（Just Do It）、「吃一口彩虹」（Taste the Rainbow）、「吮指美味」（Finger Lickin' Good）等耳熟能詳的廣告詞，都是文案師想出來的點子。至於服務條款與細則不是文案師寫的，他們沒有法律方面的專業。

沒人喜歡尬聊

如果你是焦慮體質，覺得出席社交場合很痛苦，在此報告一個好消息：你可以不用透過交際應酬來拓展人脈——至少不是傳統意義上的交際應酬。

「拓展人脈」不一定要尷尬地站在滿是陌生人的房間裡，緊張兮兮地握著一瓶溫啤酒和一疊剛印好的名片。有很多方法可以引起別人注意。用你自己的方式展開對話，例如寫電子郵件、約人線上喝咖啡等等。參加重要活動。試著跟老闆建立工作以外的關係。會計部的雷伊閒暇時都在做什麼？琳達的狗叫什麼名字？大部分的人都喜歡談論自己，給個機會讓他們分享一下。

俗話（有一半）說得好：重點不在於你知道什麼，而在於你認識誰——所以，多認識一些人吧。

****
收據記得留好
****

不管你認為自己多有條理，最好還是買個
資料夾來保存收據、發票和票根。

不然一個月後你要報公帳時，會發現這些
憑證不曉得跑去哪裡。

由公司買單的樂高樂園之旅，突然變得沒
那麼好玩了。

****
傷害總計　　　　　　　£143.48
****

握手，就要好好握

握手習慣可以當作判斷一個人的標準。如果你手勁無力，就等於告訴全世界：你像煮過頭的菠菜一樣軟爛。

1. **眼神接觸**。
2. **自我介紹**，告訴對方你叫什麼名字。
3. **態度堅定**，穩穩握住對方的手。
4. **稍微施力**，不要讓你的手軟綿綿地浮貼在對方掌上。沒人想在握手時被輕撫好嗎？
5. **握手時間至少持續兩秒**。如果少於兩秒，會給人一種「害怕做出承諾」的感覺。

- 記得修指甲。
- 流手汗？那就偷偷用衣褲或附近的織品擦一下。
- 不要把你的食指壓在對方食指上；只有邪教或共濟會之類的祕密結社才會搞特殊的握手禮。

當前這個後疫情時代，有些人也許不太喜歡肢體接觸。這種時候，一個友善的微笑加揮手致意就夠了。手肘互碰打招呼麻煩留給朋友，別對未來可能的老闆這麼做。

草圖

傳達一個構想的時候,用未經修潤的草圖來呈現,會比直接拿出完美的圖稿來得好。如果別人一看就懂,表示這個點子很有潛力。

「草圖」是一種非常簡單、隨手畫就的塗鴉,常見於廣告行銷,用來快速且有效說明產品概念或廣告創意,不必浪費時間精雕細琢。通常是用黑色粗頭毛氈筆畫在A4紙上,只要一兩分鐘就能完成。

先在紙上勾勒出一個邊框,接著把紙轉橫向,於框內畫出草圖。畫面細節應恰到好處,讓別人看得出來你想表達什麼,並能夠給予意見回饋。

1. 你的構想是什麼？

2. 為什麼要現在做？

3. 目標受眾是誰？

4. 為什麼該由你來做？

5. 你要怎麼實現這個創意？

6. 最後要以什麼形式呈現、投放在哪裡（網路、平面、公車車身）？

7. 這個想法能有什麼樣的發展？

如果這些問題你都答得出來，
就能把這個點子推銷出去。
推銷想法的過程中，
我們可能會被各種小細節搞得
頭昏腦脹，有時甚至會忘記
自己想傳達的核心概念是什麼？
你必須保持一定的敏銳度，
仔細觀察推銷對象的反應。
不要自以為知道他們想要什麼。

路克・海姆斯（Luke Hyams）是YouTube首位非洲、歐洲與中東地區原創總監，並曾任華特迪士尼公司（The Walt Disney Company）全球內容總監。

禮儀,成就不凡的人

請注意,

不是只有去朋友家過夜的六歲小孩才要講禮貌。事實上,在大人的世界裡,禮貌更顯重要。

謝謝。

千萬不要在面試時靠北上一個工作／老闆／公司

第一，你不曉得面試的主管認識哪些人；第二，這麼做會讓對方懷疑，你有一天是不是也會像這樣對外講他們壞話。不管怎樣，都不是什麼好主意。

煩人沒關係⋯⋯
不要太離譜就好

如果你真的想引起某人注意,光寄一封電子郵件是不夠的。重要人物都很忙,你不能就這樣放棄。這種時候必須拋開自尊、鍥而不捨地嘗試;用其他方法刷存在感,但別搞些有的沒的怪招。如果警察來敲你家的門,就表示你可能太超過囉。

「珍娜，妳按到靜音了。」

麥克風出問題、離開會議時的尷尬、卡卡的無線網路⋯⋯線上會議很少能順利進行。

- 不要像珍娜一樣。輪到你發言時，務必確認自己有取消靜音。

- 下半身穿好。只穿襯衫不穿褲子不是什麼好主意。開會開到一半門鈴響了，你會忘記自己沒穿褲子。你還沒回過神，你的屁屁就已經被幾個同事看光，下一步該遞辭呈了。

- 準備好使出忍者手速。會議差不多要結束時，提前將游標移到離開鍵上方（有時需要點兩下）。

- 告知家裡其他人，你要開線上工作會議。你不會希望你媽突然冒出來問你晚餐想吃什麼。

- 知道一下「共享螢幕」的按鈕在哪，避免誤按。

建議你可以買個滑蓋之類的小東西來遮住鏡頭。這個方法有助於緩解離開視訊會議時那如海浪般來襲、無可避免的焦慮與憂疑。

拍拍灰塵，重新站起來

重振旗鼓，回到馬背上繼續前進。
人生中所有值得做的事都不容易。
你媽養出的，可不是一個輕言放棄的人。

隨時做好準備

鳥事難免。遇到就解決。

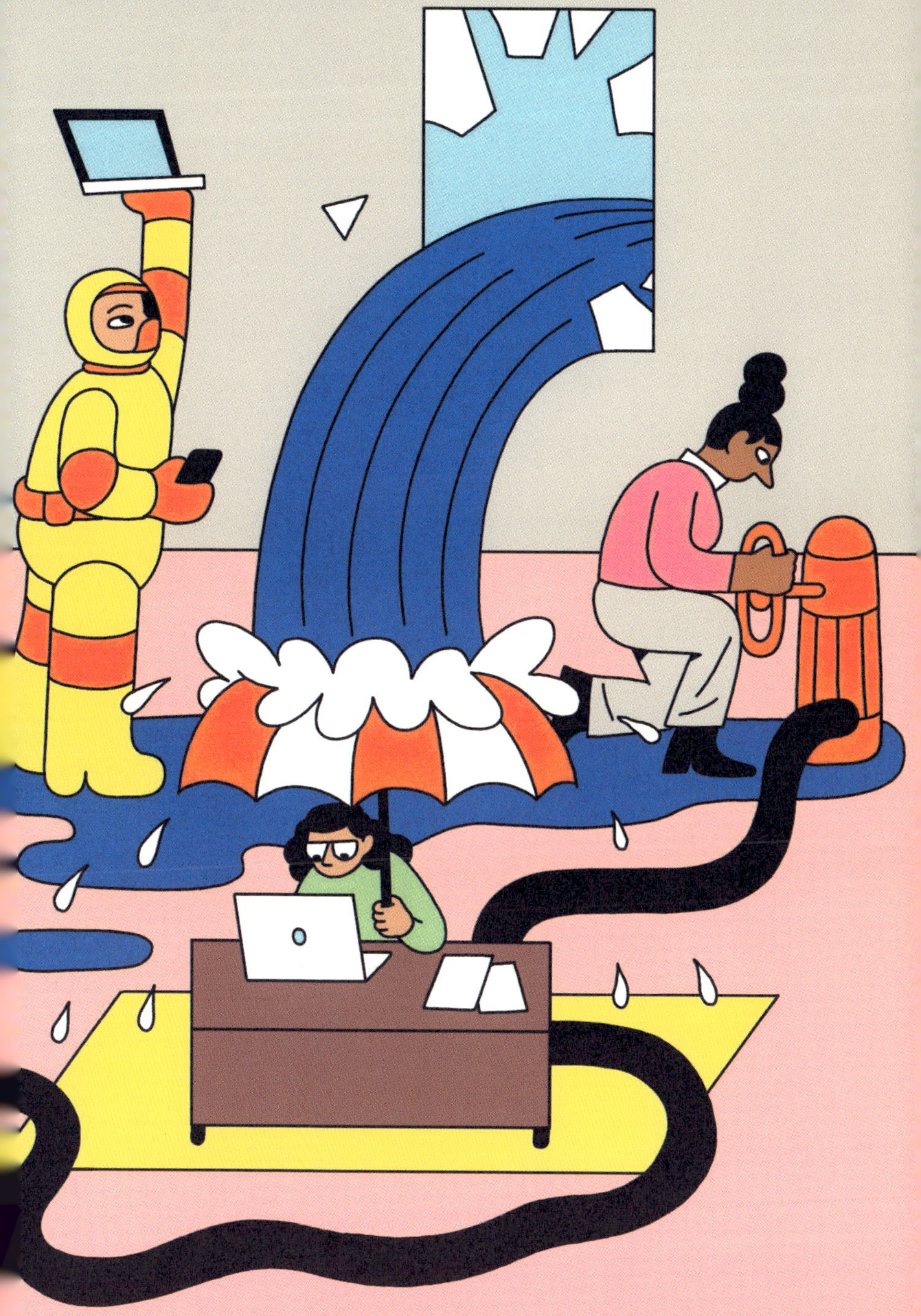

幹，管它的
幹，她哪位啊
幹，去你的
幹，叫他吃屎
幹，管他們去死
幹，這什麼爛人生
幹，滾啦
幹，咬我啊
幹，算了
幹，這什麼垃圾工作
幹。 ←── 你最新的愛用詞

坐在電腦前十分鐘嗑完飯稱不上吃午餐

這是法蘭克。法蘭克整天窩在電腦前工作，姿勢除了不良還是不良。他壓力超大，累到不行，需要好好休個假，按摩放鬆一下。午休時間，法蘭克打開包裝，拿出自製三明治，坐在辦公桌前一邊吃，一邊敲著鍵盤。這就是他的午餐，沒幾分鐘便唏哩呼嚕地吞下肚。法蘭克擦擦嘴，將餐巾紙揉成一團，把大腿上的麵包屑撥到地上，然後繼續工作。

這個世界上有很多小確幸，午休就是其中之一。法蘭克這種行為不但不尊重自己，也不尊重三明治。不要變得跟他一樣。

「做得好！」

別人表現平平的時候，誇獎他們「做得好」看似鼓勵，其實是很危險又沒意義的舉動。不要再這樣瞎捧了。明明做得不好卻稱讚對方「做得好」，只會降低標準，讓他們變得更隨便、更懶散，完全是反效果。而該讚美時請不吝讚美，該獎勵時就大方獎勵。

不用了,親愛的,謝謝

職場郵件中應避免使用:

「親愛的」、「寶貝」等字眼。
這些暱稱應該是親近的家人朋友和伴侶專用。

全部粗體。
怎麼了?為什麼要大吼大叫?

不需要兩個問號合用。
我就問,你到底是多好奇啦?

千萬不要連用兩個驚嘆號。
一個就夠了。

微笑表情符號。
如果你不清楚收件者是什麼來頭,
最好不要在信中附加笑臉。

錯字。
祝貧安?
謝謝,先不要。

別再說
「公司是個大家庭」了

那些自稱是「大家庭」的公司往往在掩飾些什麼。話術背後的真相很可能是「大家心裡苦但大家不說,我們的企業文化有毒」。這種搞小聰明的領導策略打著「對家庭忠誠」的名義行壓榨之實,要員工週末當免費勞工、於契約規定的工作時間外加班等等。講真的,公司一點都不像家庭,因為:

工作不是一輩子的

你隨時都有可能被取代或開除

你是用自己的專業和技能來換取薪酬

你必須遵守公司規範

雖然這種比喻聽起來很有吸引力,但實際上並不恰當,也不可愛。

有些問題就連Google大神
也沒有答案

| 何謂 | 🔍 |

何謂生命的意義
何謂生而為人的意義
何謂我存在的意義

不要把你最愛的馬克杯帶到辦公室

一定會不見。

不想跟人合資
送同事生日禮物……
那就別出錢

辦公室裡老是有人生日。有的時候,你可能對壽星本人沒什麼好感。在這種情況下,不要覺得有壓力,好像非得跟其他同事一起出錢送對方禮券或免費水療不可。祝他們「生日快樂」,在卡片上簽名,然後帶著愉快的心情繼續過你的日子。

生日快樂

親愛的生日快樂!
這輩子沒跟你講過話呢。
祝你有個超讚的一天!
(抱)

happy Birthday

生日
開心過喔!♥

今天滿 113 歲!

養成三重檢查的習慣，確認（一）有夾帶所謂的「附件」（二）塗掉錯誤片段請參考附件。不然後續再寄信承認錯誤叫人很痛苦的。

開會報告一點也不好玩

開會報告就像一場（邪惡的）成年儀式，就算想逃也逃不了。世界上沒幾個人能在毫無準備的情況下即興發揮——你大概不是其中一個。

1. **將所有要用的檔案依照正確的順序排好**，以正確的名稱儲存。
2. **別忘了你的隨身碟、充電器、轉接頭和遙控器**——你不會想浪費時間弄那些雜七雜八的電線，搞得自己滿頭大汗。
3. **報告／會議／簡報前十分鐘，將心態調整好**，切換到積極又自信的模式。去上個洗手間。整理思緒。看著鏡子。對著鏡中的自己精神喊話。打自己一巴掌。
4. **成為第一個抵達會議室的人**。熟悉一下設備和環境。
5. **其他人走進會議室時，跟對方打聲招呼**，寒暄幾句，感謝他們出席。
6. **不要自我貶低**，講什麼「我真的很不會做簡報」。

幸好，大家不希望你因為自己表現平庸而難過。無論你報告得再爛，他們都會客套地說你很棒喔。

錯字

很多人壽(受)不了

文件或信件中有錯字。

你可能有個絕妙的點子或很強的提案,

但只要被人發現一個錯字,

你的成果及其價值就會大打折扣。

這表示你不注意節(夠)細,

覺得字擠(自己)做出來的東西不值得驕傲。

一個小小的錯字,

就有可能讓你的工作被人搶走。

看電腦時

開始出現

頭痛症狀？

表示你該去

檢查一下

視力了。

壞名聲會跟著你一輩子

一旦把自己的名聲搞臭，就永遠別想撕掉這張標籤。別人對你的看法與你的行為舉止真的很重要。世界很小，大家都愛八卦，很快就會謠言滿天飛。

相反地，好名聲擁有神奇的魔力，不僅別人會想幫助你，機會也會自動找上門。原因很簡單：（一）你在業界表現優異（二）你超級討人喜歡。

你不是宇宙的中心

你只是在地球上四處漂浮的
78億個多細胞生物之一,
以微粒與物質為食,
努力活過又一個明日。
為了什麼?答案永遠是個謎。

不讓理智斷線的小撇步

- 盡量不要在辦公桌前吃午餐。
- 不要捲入辦公室鬧劇。
- 戴上耳機,這樣就聽不到討厭鬼的聲音了。
- 保持辦公桌整潔。
- 多喝水不只有益健康,還能逼你去上廁所(也就是離開電腦休息的意思)。
- 如果你放在冰箱裡的午餐不見了(也一定會不見),試著保持冷靜,不要抓狂。

如果出現下列情況,
或許就該辭職囉。

- 不敢跟別人說你做什麼工作,或是在哪裡上班
- 發現自己很羨慕別人的職位和職業
- 掰理由請病假
- 週日會陷入一種難以招架的恐慌和焦慮,不想面對週一

別擔心,你的同事不會太想你,
你在公司的角色並非無可取代。
大家在離職歡送會上喝完氣泡酒、
簽完祝福卡片後,
很快就會刪你LinkedIn好友了。

靈光乍現的迷思

靈光乍現的瞬間其實不像表面上看起來那樣，屬於心智自然而發的領悟。靈感冒出來之前有個漫長的過程，可以細分為四個階段：

1. 搜尋

花時間蒐集資料。盡可能了解手邊的工作。用知識充實自我。成為特定產品／行業／主題／品牌的專家。把摸透這件事當成自己的使命。

2. 醞釀

就像美味的波隆那肉醬一樣，資料在腦中燉煮的時間越長，熬出來的成果越好。讓你的新知細細醞釀；可能需要花上幾個小時，甚至是幾個禮拜。這段期間，不要再去想這件事。你已經做完所有該做的功課，接下來就讓點子在你專注於其他事物時（例如洗碗）慢慢發酵。

3. 限時專送

「啊哈！」靈光乍現的那一刻。這時，傑作於腦中浮現，完全成形，彷彿由創意工廠親自送達。一切完美地嵌合在一起，你終於可以不用再焦躁地咬指甲，對著鍵盤大哭了。這個美好神妙的時刻可能會在你洗澡時出

現,或是凌晨三點於睡夢中降臨。醞釀期結束之際,就是你豁然開朗之時。

4. 升空測試!

這個階段,你必須當最毒舌的評論家,用嚴厲的眼光來檢視腦中的點子。扮演魔鬼代言人,將構想撕得粉碎。質疑一切。問問自己:這個想法是否合時合宜?能不能解決問題?如有需要,可以回到第一階段,重新開始。

若始終沒有閃現什麼絕妙又天才的好點子,就繼續蒐集資料,探索新的可能。

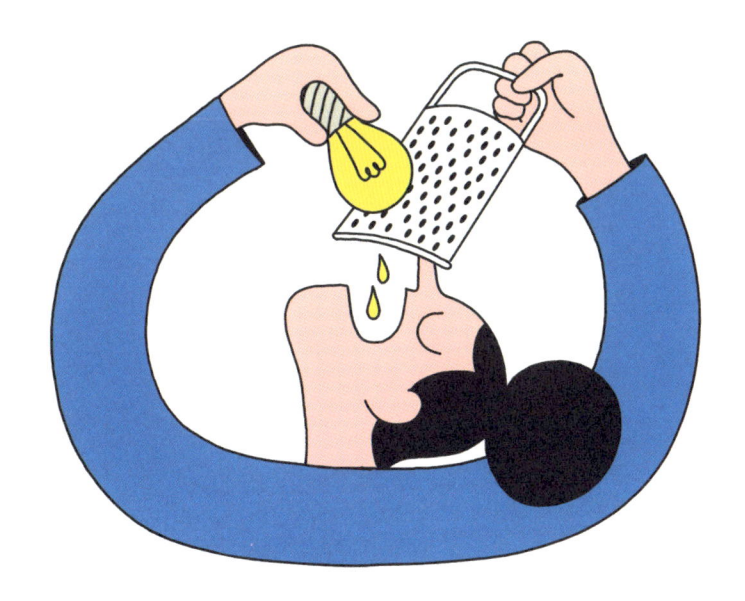

別把自己
看得太重要

維持品牌真正的精神

「一個企業要想成功，需要凝聚出共同的價值觀：動力、願景、文化、精神——這些都必須源自公司內部，直接從創辦人或管理階層等核心向外擴染，不能請外面的顧問來形塑企業的靈魂。想想IKEA吧——他們的概念大家都懂，誰都可以模仿，卻始終沒有人做得到。為什麼？因為最重要的品牌精神與成功的根本，深植於他們公司內部。」

確立目標

「你的公司、你的品牌得以在世界立足的原因是什麼？只要釐清這一點，一切就會變得很簡單。你想提供消費者哪些關鍵要素？找出最重要的三件事，確立方向和目標。」

忘卻所學，重新學習

「要無所畏懼，有能力適應、順應各種變動——你必須不斷忘卻過去累積的知識，重新學習新的東西。重點不在於制定出好的計畫，而在於適應力。畢竟計畫永遠趕不上變化。」

相關性＋趣味性

「產品出色是一回事，讓消費者覺得這項產品『跟他們有關』而且『很有趣』又是另外一回事。相關性與趣味性兩者缺一不可。Oatly存在了二十五年才開始走進大眾視野；而之所以有這個問題，是因為當時除了乳糖不耐症患者外，一般消費者難以和我們的產品產生連結。最後，我們決定把產品包裝上的科學實證等背書拿掉；我們意識到，對沒有乳糖不耐症的客群而言，這些資訊跟他們一點關係也沒有。在我們看來更重要的，是利用產品包裝來傳達品牌形象，講述我們的故事。」

> 用客觀眼光，看事物全貌
>
> **別把自己看得太重要。**
> **擁抱失敗。**
> **好，你犯了個錯──**
> **有人死掉嗎？沒有？**
> **那就從中記取教訓，繼續前進。**

東尼・彼得森（Toni Petersson）是瑞典燕麥奶品牌Oatly執行長，也是「掀起燕麥奶熱潮的關鍵人物」。Oatly成立於1990年代，當時植物奶還是很難打進市場。2012年，東尼加入團隊擔任執行長；截至2020年，Oatly市值已逾20億美元。

我才沒有哭咧嗚嗚嗚

一個好的想法能影響並改變行為。你必須先感受到才能相信。一旦心有所感,就更有可能採取行動,譬如投票就是個很好的例子。

所有優秀的作品都是以情感為核心。唯有能打動你,你才會與它產生連結,對它記憶深刻,並以行動來回應。想想要怎麼樣才能透過你所做的一切,來喚起他人情緒,不論是喜悅、悲傷、驚訝還是憤怒都行。

完成該死的任務

不要半途而廢*。

學會把事情做完的重點不僅在於自律和承諾，
還有享受最後的成果。
每次克服挑戰、完成目標，都會讓人
為自己感到驕傲。
這種經驗才是真正的成就。

*拼拼圖啦，看書啦，喝茶啦，
這些最好還是徹底完成，不要只做一半。

到底該放棄，還是該繼續 ~~討債~~ 催款

答案是：不行，絕對不能放棄。如果你是自由工作者，而且客戶經常忘記給你勞務報酬單、甚或不按時付款，你更要懂得爭取自身權益。不要害羞不敢講。雖然討錢可能會讓你感到不自在，但若提供了服務卻沒有拿到報酬，請務必要讓對方知道，並假設他們不是故意的。

以鴨子爲榜樣

表面上看起來泰然自若,
其實雙腳在水下狂划求生。

> 不要一味跟風，進入你以為符合趨勢或時下熱門的產業，也不要走你認為能滿足他人期望的路。做最能讓你感到幸福、快樂的工作。如果你喜歡自己在做的事，同時希望別人也會喜歡，你就能好好享受一切，不會覺得自己是在「工作」。

賓果先生（Mr Bingo）是一名藝術家及演說家，其作品散見於《金融時報》（Financial Times）、《紐約時報》（New York Times）和《衛報》（Guardian）。2015年，他在Kickstarter群眾募資平臺上為手繪作品籌措出版資金，是英國有史以來最成功的新書募資計畫，而他也大約是在這個時候發誓，永遠不再為別人工作。

講出來,親愛的

你一定還記得那個叛逆、老是被罰留校察看,敢於表達自身想法並挑戰老師的同學。但你還記得那些每次都按時交作業、從不發表意見,安靜又聽話的乖寶寶嗎?(沒別的意思,我敢說他們的人生一定很成功。)

隨波逐流很遜。跟別人一樣很無聊。帶著熱情關心你覺得重要的事,驕傲地大聲說出來吧。

快點動、起、來

想脫離選擇障礙的泥淖，
最好的辦法就是做出決定。
如果你沒有方向，也沒有目標，
至少先跨出第一步，做點什麼。什麼都行。

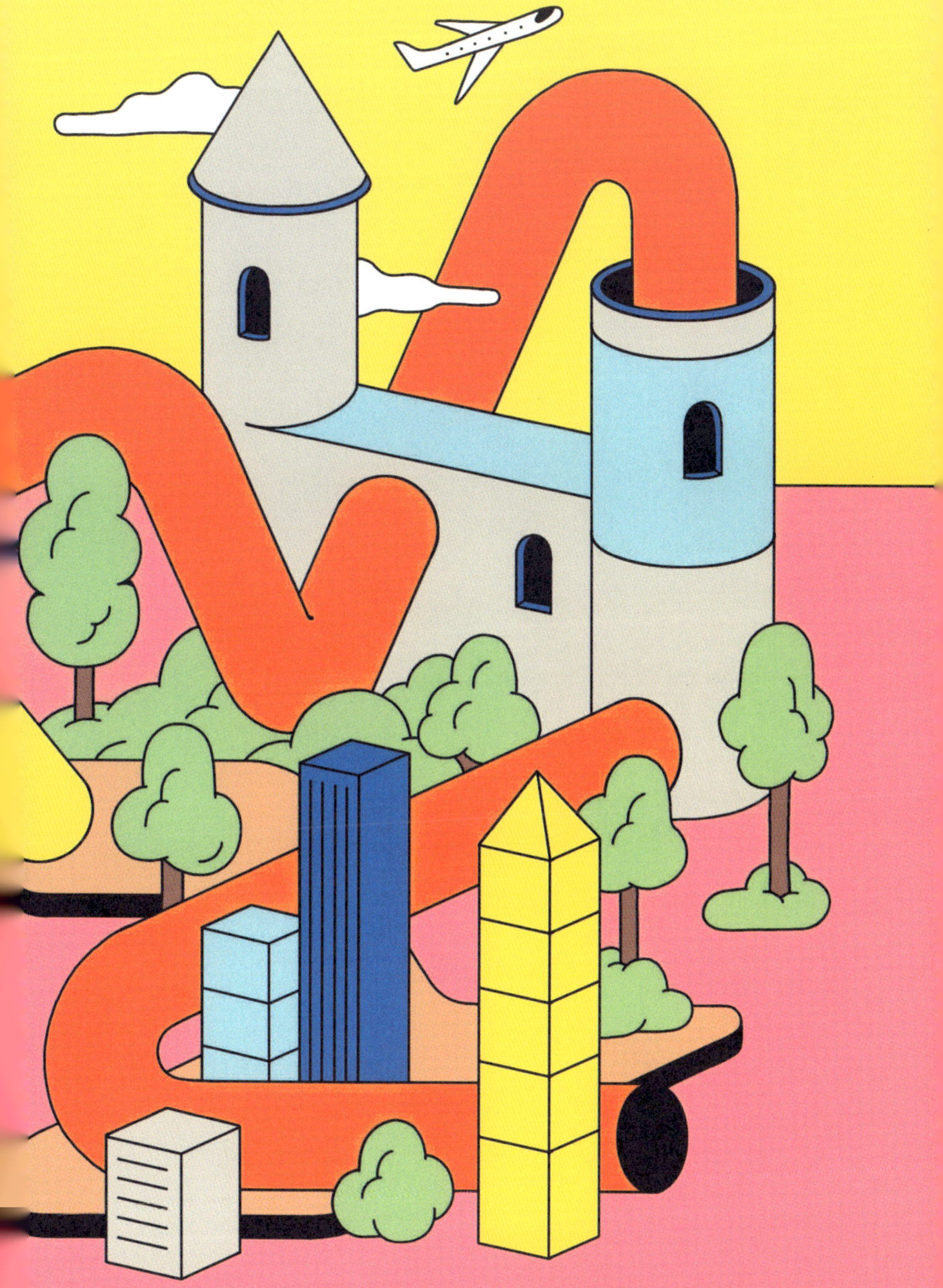

成功就像人一樣有各種樣貌和大小

為自己感到驕傲很酷

「分享成功的喜悅」
是一種用來獎勵自己努力的方式,
千萬不要覺得這麼做好像在炫耀或吹噓。

如果身邊的人讓你覺得自誇很丟臉、很有罪惡感,
那你可能該交新的朋友了。
不要不好意思;你應該以自己為榮,
為自己的成就感到驕傲。
同樣地,看到別人表現亮眼時也不要吝嗇,
大方給予讚美和掌聲。

喚醒內在的間諜魂

|ᵢᵢᵢ|ᵢᵢᵢ|ᵢᵢᵢ|ᵢᵢᵢ|ᵢᵢᵢ|ᵢᵢᵢ|ᵢᵢᵢ|ᵢᵢᵢ|
40　30　20　10　0　10　20　30　40

留意生活中那些
逐步朝著目標邁進的人，向他們學習。
跟他們聊聊，請對方分享一下自身經驗，
並尋求他們的建議和指導。
另外，有時他人也是很好的反面教材；
觀察他們，能讓你清楚知道什麼事不該做。

你不能期待
所有人都喜歡你

世上有些美好的人、事、物存在爭議,也許你就是其中之一。

我認為《窈窕奶爸》(*Mrs. Doubtfire*)堪稱有史以來最偉大的電影,可是有些人不同意(所以我很討厭他們,但這不是重點)。

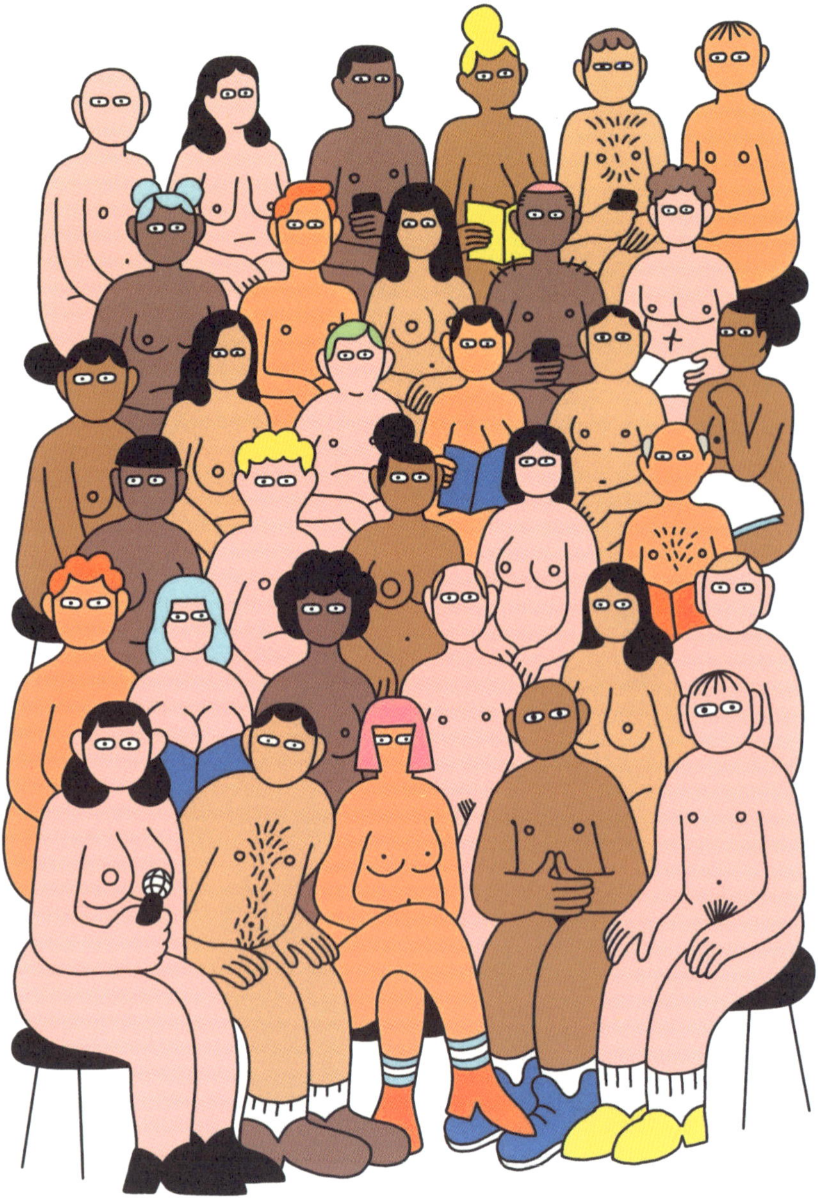

公開演講

很多人討厭上臺演講，應該說根本沒人喜歡。
以下建議適用於各種演講場合：

- **喝水。**就近放一杯水（以對付「口乾」這個大自然賜給我們的禮物）。
- **上臺前盡量不要喝咖啡。**緊張加咖啡因不是什麼明智的組合。
- **別急，慢慢講。**適時停頓一下。
- **與聽眾保持眼神交流。**如果真的沒辦法，那就挑一個人，專一地（視覺上，不是感情上喔）望著對方。
- **不要問「你們懂我意思嗎？」。**如果你是怕自己表達得不夠清楚，才忍不住想問，可以換個方式：問大家有沒有問題。
- **擁抱沉默。**
- **小道具有所幫助。**你可以考慮拿杯飲料或幾張小抄在手上。要是大腦一片空白，就暫停一下，喝口飲料。
- **科技的東東。**如果演講時需要用到科技產品，請確認一切準備就緒，而且所有設備都測試過了。
- **拜託不要想像聽眾全都裸體。**這只會讓你分心，而且太耗費想像力。
- **記住：沒有人在乎你。**說不定臺下根本沒人在聽。

有時答案秒出現

如果你繞了一大圈，發現最初的想法就是最好的想法，別洩氣啊。

大,不見得好

很久很久以前,我跟一群優柔寡斷的客戶開了一場無聊又冗長的會議。我們討論活動企畫討論了好幾個月,一直在原地打轉,就像坐旋轉咖啡杯一樣──毫無進展,還開始覺得噁心。就在這個時候,客戶突然從座位上跳起來,用一種彷彿解決了世界危機的語氣說:「我們把商標做大一點怎麼樣?」在場的平面設計師雙眼瞪到快凸出來,鼻孔張得老大,一把抓起旁邊的鉛筆狂寫,紙頁最下方滿滿都是潦草的「白痴」兩個字。

換句話說,如果點子本身就爛,把商標放大並不能掩蓋這個事實。有些東西不需要衝著你大喊大叫,也能激起你的反應。

把握機會

把機會想像成乳牛,
如擠奶般竭盡所能榨取每一滴價值。
像我個人老是喜歡厚著臉皮,
賴在某個地方不走。

做到最好,
讓他們捨不得你離開。

學習蜜蜂的精神

有20%的蜜蜂不會聽從夥伴的「8字舞」指示（waggle dance，又稱搖擺舞，蜜蜂會用這種舞蹈語言彼此交流，分享食物和水源的位置）。這些「叛逆」的蜜蜂選擇探索大多數蜜蜂不去的地方。若每隻蜜蜂都只照8字舞傳遞出的訊息來行動，蜂巢能獲取的資源就會受限。所有蜜蜂日復一日地探查同一個區域，又有什麼好處呢？

如果沒有那20%、離經叛道的蜜蜂探險家，蜂群就永遠無法發現新的可能，也沒有能力適應新的環境。

我行我素沒什麼不好，因為這樣才能發掘新的事物，產生新的想法。所以，當隻（離經叛道的）蜜蜂吧。

每天都要更進步

> 如果別人眼中的妳已經是世界頂尖，
> 要如何讓自己更上一層樓呢？
>
> 聽起來可能很怪，但對一位
> 主廚而言，別人認為我們
> 有多優秀，我們才有多優秀。
> 口碑和聲譽是一切的基石。
> 無論身處哪個領域，絕對不能
> 認為自己最強，因為所謂的
> 「最強」根本不存在，
> 只是一種感覺而已。

是什麼讓妳成為業界翹楚？

「決心、毅力和努力。我不停追求卓越，對細節非常執著，並以自己的專業為傲。我將每一絲心神和精力投入到工作裡，因為我不認為這是工作──這是一種生活方式。我對自己很嚴格，是因為我很在乎；想把事情做到完美，難免會顯露出脆弱的一面。」

> 妳是如何面對他人的批評?
>
> 我一直都很在意別人的看法。美食評論家寫過關於我的每一個字,我都記得清清楚楚。但我把那些言論當成前進的動力,我要證明他們錯了。

妳是在跟自己比嗎?

「我告訴自己,每天都要更進步。今天的我一定要比昨天的我更好,就算只是個微不足道的小改變也沒關係。如果你一直在前進,一直在成長,表示你時時刻刻都在進步。我從不後退,也無法停滯不前;因為停滯不前就等於退步。」

克萊兒‧史密斯(Clare Smyth)是英國第一位也是目前唯一一位獲得米其林三星的女主廚,擁有大英帝國員佐勛章榮銜。她摘星的餐廳Core by Clare Smyth位於倫敦,獲澳洲權威餐飲評鑑「美食指南」(Good Food Guide)評為10分滿分,並於英國汽車協會餐廳評鑑(AA rosettes)中獲得5朵玫瑰花最高殊榮。2018年,她在「全球50大最佳餐廳」(World's 50 Best Restaurants)頒獎典禮上榮獲「最佳女性主廚獎」。

清除負能量

擺脫那些讓你無法提升專注力或滿足感的負面因素。這些因素可能是人、關係或環境。

有句話說,你最常相處的前五人平均起來就是你。所以,是時候好好評估那些人的個性了;有必要的話就拉開距離,疏遠他們。如果這些傢伙像人形吸塵器一樣吸走了自己生活中的喜悅,很可能也會帶走你的快樂。與你欣賞、敬慕、尊重及想學習的對象為伍。他們的性格特質會在潛移默化中影響你,而且不用花半毛錢。

被拒絕沒什麼大不了

被拒絕是人生的一部分，跟心碎和掉髮屬於同個類別：沒有人想這樣，卻怎麼也避不了。

當初投稿這本書時，我被打槍了四十一次。為了好玩（絕對不是因為我怨念太深），以下列出我收到的一些回覆：

「妳寫得很好，但沒有吸引到我們。」

「我相信這個主題能引起讀者好奇，但妳的作品並沒有讓我產生共鳴。」

「這本書很真實也很有趣，但恐怕不太符合我們的出版方向和風格。」

不要因為被拒絕就喪失鬥志。你可以再加把勁，或是換個方法試試。當自己的評論家，找出哪裡需要改進。不要一直糾結為什麼沒成功，而是要想想該怎麼做才能實現目標。

如今，一幅梵谷的畫作價值高達一億英鎊，但他生前賣出的作品少得可憐，最後沒沒無聞、窮困潦倒地死去。被拒絕未必代表你能力不足，有時只是時機不對而已。

擋不住的＿＿惑＊

每個人都會有自我懷疑的時候，
連媒體天后歐普拉也不例外。
但不去嘗試，你就永遠不知道結果。

＊疑惑。

你有因為工作忙碌而忽略伴侶，疏於經營感情嗎？
你是否經常取消與朋友約好的局，
選擇留在公司完成那件「真的很重要」的事？

如果這種情況發生的次數多到讓你受不了，
抑或超出合理範圍，你可以：

A) 揪朋友來你辦公室過夜

B) 重新評估事情的優先順序，
做出一些改變

C) 換工作

無論

多大的夢想

都從

微小的

行動開始

好事、壞事、噁心事

沒拿到的工作,考試考不好,
從路邊攤買來、感覺很可疑的油炸鷹嘴豆餅⋯⋯
人生中每段經歷都有值得學習的課題。
當時你可能沒意識到,
但回頭再看,一定會大感訝異。
原來一切都彼此牽動,互相關聯。

迷走神經萬歲！

迷走神經（vagus nerve）從大腦一路沿著人體軀幹往下延伸，連結至腸胃系統。每當胃裡感覺沉甸甸的，就是大腦在告訴我們：情況不太對勁。下次肚子咕嚕叫時，除非是因為太餓或昨晚外帶的餐點太油膩，否則請細想一下，有沒有什麼事可能在潛意識中困擾著你。

「順從直覺」這句話背後有其科學根據。如果你不相信自己的直覺，到時可能後悔都來不及了。

吃掉披薩吧

別因為做了能讓自己開心的事而懲罰自己。
披薩很好吃,不必剝奪自己享受這種美食的權利。
當然,其他能勾起你興趣、
讓你快樂的事也一樣。

如果你想加入馬戲團、成為狗狗衝浪教練,
或是職業幸運餅乾籤詩寫手,
那就放膽去做吧。

自己的人生自己做主

徵詢他人的意見,但不一定要照做。
他們給出的建議是以
個人經驗和自身狀況為依據,
未必適用於你。

如果你想,可以聽聽他們的看法、消化一下,
然後忽略那些資訊,做完全相反的事。

活得像個孩子

為什麼？
因為孩子對一切充滿好奇。

為什麼？
因為他們有天馬行空的想像力，無拘無束。

為什麼？
因為他們不在乎別人的嘲弄。

為什麼？
因為他們的字典裡沒有尷尬。

為什麼？
因為我們在成長過程中會逐漸失去童心。

為什麼？
因為我們開始注意到社會的黑暗面。

為什麼？
因為我們不再看見生活中的奇妙與美好。

為什麼？
因為我們長大了。

為什麼？
因為我們終究要長大。

為什麼？
因為人生迫使我們成長。

為什麼？
因為人生就是這樣。

可是，到底為什麼？
人生他媽的就是這樣，沒為什麼。

不要裸辭

辭職的新鮮感很快就會淡去。
你的前老闆有更重要的事要處理；
你連求職天眼通上的評論都還沒寫完，
前公司就火速展開新頁，繼續如常運轉。
接下來，你會發現自己已經失業八個月，
衣櫃裡的牛仔褲沒一件穿得下。

不管你有多恨現在這份工作、
多討厭辦公室裡每一個人事物，
都要咬牙撐下去，
直到有另一個可行的選項為止。

話雖如此……

沒有工作
值得你犧牲身心健康

職涯這條路上,你討厭的工作
可能比你喜歡的工作還多。
這是一種磨練,也是一種修煉。
不過,一旦你開始失眠、健康出現問題,
可能就該考慮一下備案了。

好啦，還是要正經一下

二十幾歲時，我做了很多事，卻也什麼都沒做。二十一歲那年，我實現了自己的目標：完成學業，得了獎，找到夢寐以求的工作。然而，過了一段時間，殘酷的現實逐漸浮現；我開始意識到當前的生活無法帶給我滿足和快樂。我一直以來都走錯了路。就這樣，我失去了方向，滿滿的精力無用武之地。我花了大把時間尋找自己根本沒興趣的工作，盲目地亂投履歷，換來的只有無數質疑，說我的工作經歷「跳來跳去」。有那麼一段時間，我什麼都願意做，但求有工作就好。那十年，我對人生滿懷焦慮和困惑，不曉得該何去何從。

我懂那種被人問到職業時，不得不回答「我失業了」的感覺，也很清楚被問到「你想做什麼？」而你真的沒有答案時的無措與茫然。這些經驗促使我寫下這本書。如今我三十幾歲了，還是不知道自己的人生在幹嘛，或許永遠找不到解答也說不定。我只知道，人生苦短，不該在一份討厭的工作上耗盡一生，還有，最好把重要事項列成清單：

- 別人確實想幫你，但你得願意展現出脆弱的一面。
- 自我懷疑有百害而無一利。
- 世上沒有完美的工作。
- 別忘了享受生活。
- 總是會有人跟你要免費的簽名書。

作者
卡琳娜‧麥戈 Carina Maggar

來自英國倫敦的文案工作者及創意人。

曾於里茲藝術學院（Leeds College of Art and Design）主修平面設計，隨後於白金漢郡新大學（Buckinghamshire New University）藝術與設計學院取得創意廣告學位。

她曾與多個品牌合作，包括 YouTube、Spotify、任天堂、百事可樂、MTV、ASOS 等，以及《赫芬頓郵報》（Huffington Post）、特威肯納姆電影製片廠（Twickenham Film Studios）及國際雜誌出版集團康泰納仕（Condé Nast）等。

繪者
西蒙‧朗達 Simon Landrein

曾於法國 Supinfocom-Rubika 學院主修電影與動畫。目前主要從事廣告執導及插畫創作。

他的作品受到多家媒體關注，包括《紐約客》（The New Yorker）、《紐約時報》（The New York Times）、《連線雜誌》（Wired Magazine）等。

譯者
郭庭瑄

生於望海的城市，現為文字手工業者。譯有《起床後的黃金 1 小時》、《策略布局》、《一個故事的 99 種說法》等書及各類型小說作品。

工作讓人心情糟,但你可以心態超好!
How to Make Work Not Suck: Honest Advice for People with Jobs

作　　者	卡琳娜・麥戈 Carina Maggar
繪　　者	西蒙・朗達 Simon Landrein
譯　　者	郭庭瑄 Ting Hsuan Kuo
責任編輯	黃莀菁 Bess Huang
責任行銷	曾俞儒 Angela Tseng
封面裝幀	木木 LIN
版面構成	譚思敏 Emma Tan
校　　對	饒美君 Rita Jao
發 行 人	林隆奮 Frank Lin
社　　長	蘇國林 Green Su
總 編 輯	葉怡慧 Carol Yeh
主　　編	鄭世佳 Josephine Cheng
行銷經理	朱韻淑 Vina Ju
業務處長	吳宗庭 Tim Wu
業務主任	鍾依娟 Irina Chung
	林裴瑤 Sandy Lin
業務秘書	陳曉琪 Angel Chen
	莊皓雯 Gia Chuang
發行公司	悅知文化 精誠資訊股份有限公司
地　　址	105台北市松山區復興北路99號12樓
專　　線	(02) 2719-8811
傳　　真	(02) 2719-7980
悅知網址	http://www.delightpress.com.tw
客服信箱	cs@delightpress.com.tw
ISBN	978-626-7721-01-8
建議售價	新台幣399元
初版一刷	2025年06月

國家圖書館出版品預行編目資料

工作讓人心情糟,但你可以心態超好!/卡琳娜・麥戈(Carina Maggar)著;郭庭瑄譯. -- 初版. -- 臺北市:悅知文化精誠資訊股份有限公司, 2025.06
面;公分
譯自:How to make work not suck : honest advice for people with jobs
ISBN 978-626-7721-01-8 (平裝)
1.CST: 生活指導 2.CST: 工作滿意度 3.CST: 工作心理學
177.2　　　　　　　　　　　　114005073

建議分類│心理勵志

著作權聲明

本書之封面、內文、編排等著作權或其他智慧財產權均歸精誠資訊股份有限公司所有或授權精誠資訊股份有限公司為合法之權利使用人,未經書面授權同意,不得以任何形式轉載、複製、引用於任何平面或電子網路。

商標聲明

書中所引用之商標及產品名稱「星期一的布魯斯」均屬於原石創意國際有限公司所有,使用者未取得書面許可,不得以任何形式予以變更、重製、出版、轉載、散佈或傳播,違者依法追究責任。

版權所有　翻印必究

本書若有缺頁、破損或裝訂錯誤,
請寄回更換
Printed in Taiwan

Text © 2022 Carina Maggar
Illustrations © 2022 Simon Landrein
the Work was first published in the English language by The Orion Publishing Group Ltd
Published by arrangement with The Orion Publishing Group Ltd
Through Andrew Nurnberg Associates International LTD.
ALL RIGHTS RESERVED